AF346250

Frédéric MACAIGNE

ENCORE TEMPS

Certitudes et conseils
pour néovivre

Album de Vie

ISBN :
978-2-490865-17-8

Frédéric MACAIGNE

Album de Vie
92 rue Mulot
02100 SAINT QUENTIN

Les références étymologiques sont tirées de Wikipédia.

La photo de la Terre figurant en couverture a été prise par Harrison Schmitt ou Ron Evans, équipe Apollo 17/NASA

albumdevie.com

À ma femme,
(tu es unique)

À mes enfants,
(vous êtes le futur)

PRÉAMBULE

Le dérèglement climatique et ses conséquences (réchauffement planétaire, sécheresse, montée des eaux, cataclysmes de plus en plus violents et fréquents) ont pour prolongements la pollution de l'air, le déplacement de populations, des conflits pour l'eau, des pénuries, des pandémies, des émeutes, des guerres…

La question de la survie de l'humanité se pose dès lors de façon cruciale. Est-il encore temps ? Est-il encore temps pour l'homme de modifier son comportement et de ne plus être lui-même la cause de ces bouleversements ? Est-il encore temps pour lui de s'adapter et de survivre à ces changements qui semblent inexorables, de plus en plus dangereux et destructeurs ? Car :

- Oui, notre maison brûle.
- Oui, la Terre subit la montée des eaux.
- Oui, nos réserves naturelles s'amenuisent.
- Oui, nos déchets s'accumulent et sont de plus en plus nocifs.
- Oui, en un éclair nucléaire, l'homme peut mettre fin à son existence, à la nôtre… à la tienne !

À l'échelle humaine du temps, qui compte approximativement 7 000 générations, ces cinq vérités ne sont vieilles que de trois générations, guère plus. Si pour beaucoup d'entre nous ces cinq vérités sont actées, quelques autres les nient toutes ou en partie, ne les estimant pas suffisamment manifestes pour être crédibles. Si toi, mon contemporain qui es en train de me lire, tu tiens pour vraie ne serait-ce qu'une de ces cinq affirmations, alors ce livre est fait pour toi. Il est là pour t'appeler à agir.

L'avenir de l'humanité est en question. Pourrons-nous encore respirer, boire, nous nourrir, co-exister, vivre en paix et prospérer alors que nous sommes déjà entrés dans l'ère de l'**Anthropocène** ?

Étymologie : **Anthropocène** est un néologisme construit à partir du grec ancien *anthropos*, « être humain » et *kainos*, « nouveau », suffixe employé en géologie
Définition : nouvelle période géologique où l'activité humaine est devenue la contrainte géologique dominante comparée à toutes celles qui avaient prévalu jusque-là.

Oui, il est encore temps.

S'adapter aux nouvelles conditions de vie de notre monde entré dans l'Anthropocène n'est pas que l'affaire des autres. Tu en es l'un des principaux acteurs, comme je le suis et comme nous le sommes tous. Tu dois agir, maintenant. Comment ?

Simplement, en t'appropriant les 26 certitudes qui suivent et en appliquant au quotidien les 12 conseils formulés ci-après.

Mais qui suis-je pour te l'affirmer ? Je m'appelle Frédéric Macaigne. J'ai longtemps été enseignant. Depuis avril 2009, j'aide mes contemporains à laisser la trace écrite de leur vie. À travers cette activité qui m'a amené à rencontrer des gens d'univers différents, j'ai vécu des moments d'une intense émotion et surtout, j'ai perçu ce qu'est l'humanité. Je tire de mon expérience les enseignements que je te transmets dans ce livre. L'homme est certes tel qu'il est, mais il a prouvé au fil des générations qu'il sait s'adapter, changer, évoluer… Toi aussi, tu sauras le faire. Et si tu veux manifester ta détermination à agir en ce sens — j'ai appelé cette nouvelle façon d'être et de se comporter **néovivre** —, voici le symbole qui sera le signe de ton ralliement à cette noble cause ; fais-en bon usage :

NÉOVIVRE

Étymologie : **néovivre** est un néologisme composé du verbe vivre et du préfixe néo (nouveau).
Définition : vivre de façon adaptée aux nouvelles conditions apparues à l'Anthropocène en ayant pour but la préservation de l'humanité

Comme tout symbole, celui du néovivre, composé d'un cercle superposé d'un trait vertical, recèle une multitude d'interprétations. Certains y voient un interrupteur

ON/OFF renversé, d'autres le 1 et le 0 du système binaire, ou la fécondation d'un ovule par un spermatozoïde, ou un projectile atteignant son cœur de cible, ou la stylisation d'une fleur de pissenlit… d'autres interprétations sont possibles. Je t'invite à me faire parvenir la ou les tiennes (mon adresse électronique figure en dernière page de ce livre). En tant qu'enseignant, j'ai toujours été surpris par la richesse créative de mes élèves. Plus ils étaient et plus j'obtenais de propositions auxquelles je n'avais jamais songé. Je m'attends à de belles surprises, participe à cette contribution, envoie-moi tes idées.

Personnellement, la signification que je donne à ce symbole est celle d'un interrupteur capable de mettre à l'arrêt les activités qui nous sont néfastes et en marche celles qui améliorent notre vie à l'Anthropocène. C'est le symbole de l'engagement à néovivre.

Dans sa version colorée, avec un rayonnement orangé, une nuance est à apporter. Pourquoi cette couleur orange ?

Par convention, la couleur orange sert à attirer l'attention, prévenir d'un danger, de travaux en cours, d'une perturbation ou d'un changement… ici, elle indique qu'il est encore temps. Temps de changer nos comportements, de passer d'actions néfastes pour l'avenir humain à des actions vertueuses.

Comment accomplir cette transition ? Simplement en t'appropriant les 26 certitudes qui suivent et en appliquant au quotidien les 12 conseils donnés…

Juste avant de poursuivre ta lecture, que tu peux entreprendre dans l'ordre des pages ou en feuilletant le livre à ton gré, je t'invite dès maintenant à compléter *Ta ligne de vie*. Il s'agit du travail préparatoire à la réalisation de ton récit de vie ; en tout cas, c'est une des méthodes que j'utilise en tant qu'écrivain pour collecter les éléments biographiques de ceux qui me font l'honneur de me confier leur parcours. En guise d'exemple, consulte la mienne page suivante. À gauche de la ligne du temps, j'ai inscrit de grands événements historiques liés à l'Anthropocène ; en regard à droite, j'ai noté les moments importants de *mon* histoire. Je n'ai pas rapporté l'ensemble de ma vie, ce n'était pas le propos. En revanche, établir la corrélation entre faits historiques et personnels montre l'influence de l'Anthropocène sur nos parcours individuels. Ce que beaucoup de mes contemporains m'ont dit être la « chance », le « destin » ou la « fatalité » n'est en fait que l'interconnexion de nos vies à travers l'immensité du temps et de notre planète. Dit autrement, tout est lié.

La rédaction de ta ligne de vie te prendra un peu de temps. Tu seras amené à te souvenir de choses anciennes, peut-être les retrouveras-tu dans ta mémoire ou peut-être te rendras-tu compte que certains pans de ta propre vie te sont inconnus et le resteront à tout jamais. Ma ligne de vie s'étire sur quatre générations, je l'arrête au moment d'achever le livre, fin décembre 2022 ; la tienne peut en compter davantage. Tu verras que j'ai prévu une feuille supplémentaire pour que tu puisses la continuer au-delà de 2023. Si nous n'avons pas tous des vies « extraordinaires », chacune est unique et c'est ce qui en fait la valeur.

INDUSTRIALISA-TION

Gaz à effet de serre, tout début du réchauffement climatique anthropique, Empires coloniaux, migration rurale…

1914 — *Naissance de mes grands-parents paternels : en France — maternels : en Italie*

Première Guerre mondiale

Mondialisation des conflits, des échanges commerciaux, pandémie (Grippe espagnole)…

Période de vie pour mes grands-parents paternels au Maroc (sous protectorat français)

1939 — *Naissance de mon père : en France — Naissance de ma mère : en Italie*

Seconde Guerre mondiale

Migration de ma famille maternelle en France (raisons économiques)

Début du nucléaire (armes et centrales) et du numérique (calculateurs… ordinateurs… Internet…)

Ma naissance

1973

Premier choc pétrolier

(prise de conscience de la dépendance aux énergies fossiles)

Naissance de ma femme

Je regarde le film Soleil vert *en compagnie de ma mère. Adolescent à l'époque, je le considère insouciamment comme de la pure fiction*

Catastrophe de Tchernobyl

(pollution nucléaire)

1986

Décès de mes grands-parents par cancer ou leucémie (alimentation, perturbateurs endocriniens…)

Premier rapport du GIEC

(Groupe d'experts intergouvernemental sur l'évolution du climat)

1990

Ablation de la thyroïde de ma mère

Naissance de mes enfants

Catastrophe de Fukushima

(pollution nucléaire)

2011 — *Décès de mon père après un cancer colorectal*

COVID-19

(pandémie)

2019 — *Changement professionnel : d'enseignant, je deviens écrivain biographe*

Guerre en Ukraine

(menaces nucléaires, pénuries…)

2022 — *J'écris ce livre où je te laisse deux pages à compléter…*

Ta ligne de vie

INDUSTRIALISA-TION

Gaz à effet de serre, tout début du réchauffement climatique anthropique, Empires coloniaux, migration rurale…

1914

Première Guerre mondiale

Mondialisation des conflits, des échanges commerciaux, pandémie (Grippe espagnole)…

1939

Seconde Guerre mondiale

Début du nucléaire (armes et centrales) et du numérique (calculateurs… ordinateurs… Internet…)

1973

Premier choc pétrolier

(prise de conscience de la dépendance aux énergies fossiles)

1986

Catastrophe de Tchernobyl

(pollution nucléaire)

1990

Premier rapport du GIEC

(Groupe d'experts intergouvernemental sur l'évolution du climat)

2011

Catastrophe de Fukushima

(pollution nucléaire)

2019

COVID-19

(pandémie)

2022

Guerre en Ukraine

(menaces nucléaires, pénuries…)

Ta ligne de vie après 2023,
avec l'espoir que le néovivre en fasse partie

*(Place ici les événements liés
à l'Anthropocène)*

26
CERTITUDES
DE A à Z

A comme Animal

Étymologie : du latin *anima*, (« être doué de vie »)

« L'homme est un animal politique qui parle. »
Aristote

Rien n'est plus vrai. Je suis, tu es… un animal. Constitués de chair, d'os et d'un cerveau, composés à 65 % d'eau, êtres issus de la reproduction sexuée, nous sommes nés, vivons et mourrons. Nous sommes des animaux.

À l'Anthropocène, sur ce point, rien n'a changé. En tant qu'animaux, nous naissons, respirons, mangeons, bougeons, dormons, nous reproduisons (pas tous, il est vrai que certains ne le peuvent pas et d'autres ne le veulent pas), nous vivons et nous mourrons. Notre existence est ainsi « programmée ». Mais de ton premier cri à ton dernier souffle, que d'instants à vivre ! Moments de joie, de bonheur, de doute, d'ennui ou de peur, tout ce qu'une vie peut contenir ne peut se départir de cet aspect animal qui nous caractérise.

L'animal que nous sommes, pour vivre humainement, doit contenter ses besoins primaires, sinon il perd de son humanité et même la vie. Néovivre contribuera à lui assurer ses besoins primaires.

Voir G comme Guerre, N comme Nature, R comme Reproduction, S comme Société et le conseil n° 1

B comme Bonheur

Étymologie : contraction en un mot de *bon* et de *heur* issu du latin *augurium* (présage), état de complète satisfaction

Le bonheur existe…

Au passé : je l'ai goûté. Toi aussi, souviens-t'en.
Au présent : je l'apprécie quand il est là. Fais-en de même ou apprends à le faire !
Au futur : j'aspire à le savourer à nouveau. Je t'en souhaite tout autant.

De nature éphémère, le bonheur a poussé l'homme à l'éprouver par des biais artificiels : alcools, drogues, croyances…

À l'ère du numérique, rien n'a changé. Certains de nos contemporains recherchent désormais un bonheur composé d'une suite de 1 et de 0. Sécrétion de dopamine et addiction sont artificiellement provoquées pour t'apporter un état de joie ou de satisfaction que tu es incité à rechercher et à renouveler sans cesse.

À l'Anthropocène, c'est un bonheur sans artifices qu'il te faut à présent rechercher. Néovivre t'y amènera.

Voir C comme Croire, E comme Écrans, Q comme Quand et les conseils n° 2, 7 et 12

C comme Croire

Étymologie : du latin *credere*, (« avoir confiance », « admettre quelque chose pour vrai »)

Croire est une tension.
L'espoir fait vivre, alors aie confiance !

Il ne faut pas croire que les autres partagent nos croyances. Soyons sûrs du contraire.

Croire en l'invisible ou ne croire qu'en ce qu'il voit, en ce domaine, l'homme a beaucoup varié dans ses convictions. À l'ère du numérique, les flux de croyance sont différents, potentiellement plus puissants parce que par Internet, les réseaux sociaux, et les médias en ligne, ces flux sont instantanément délivrés à la quasi-totalité de la population mondiale. Attention, nous sommes enclins à croire ce que l'on voit. À l'Anthropocène, pour croire, il faut avoir préalablement douté.

Le CO2 étant un gaz, il est par nature invisible. Rejeté en trop grande quantité dans l'atmosphère terrestre, il cause le réchauffement climatique. Ne pas le voir pousse certains d'entre nous à ne pas croire en ses méfaits d'où leur inaction. Néovivre est la solution.

Voir E comme Écrans, K comme Kilo, S comme Société, W comme Warning et le conseil nº 11

D comme Dormir

Étymologie : du latin *dormire*, (« reposer dans le sommeil »)

Dormir est vital, bien dormir essentiel !

Dormir est l'un de nos besoins physiologiques primordiaux. Notre cerveau, nos pensées, nos rêves ne s'épanouissent que si et lorsque nous dormons.

À l'ère du numérique, rien n'a changé. Nos besoins de sommeil restent les mêmes. Or, les conditions pour bien dormir ne sont pas toujours réunies à cause de la pollution lumineuse et/ou sonore de notre lieu de vie, des pressions sociétales (travail, usage des réseaux sociaux…) ou environnementales (habitat) qui ne nous assurent pas un bon repos.

Voir A comme Animal, E comme Écrans, J comme Jour et le conseil n° 6

E comme Écrans

Étymologie : du moyen néerlandais *scherm*, (« surface permettant de protéger », « faire obstacle », « cacher »)

Les écrans nous relient et nous séparent.

Fenêtres ouvertes sur l'extérieur ou miroirs aux alouettes, les écrans ont cette capacité à masquer autant qu'à montrer, à fasciner autant qu'à hypnotiser, à éveiller autant qu'à endormir.

Instrument de transmission de messages, ils sont aussi d'habiles voleurs de temps au profit de ceux qui les occupent et au détriment de tes proches dont ils te séparent.

À l'ère du numérique, ils se sont multipliés et peuvent se retrouver partout et à chaque instant de notre vie (dès notre conception à l'état embryonnaire par le biais d'échographies et jusqu'à notre dernier souffle sur un monitoring aux lignes plates). Les écrans ont le don d'ubiquité et d'omniprésence. Dans l'espace public ou notre foyer, sur notre lieu de travail ou dans les transports, lors de notre vie publique ou privée, voire intime… ils nous servent et nous desservent.

Voir F comme Foyer, K comme Kilo, S comme Société et les conseils n° 10 et 11

F comme Foyer

Étymologie : du latin *focus*, (« feu », « lieu où l'on vit », « centre de quelque chose »)

Avec ou sans foyer,
l'homme marque sa présence partout où il est.

Lecteur, je pense à toi. Où vis-tu ? Où demeures-tu ? As-tu même un chez-toi ? Vis-tu dans un havre de paix ou un enfer sur la Terre ? Es-tu sédentaire ? migrant ? voyageur ? nomade ? Où es-tu à l'instant où tu me lis ? En plein air, sur la mer, au bord de l'eau, chez toi, en forêt, dans un parc, un jardin, dans un moyen de transport, dans une cellule de prison, un lieu dédié à la réflexion, un endroit incongru… ? Me lis-tu par un moyen numérique, un écran, une tablette, une liseuse, m'écoutes-tu en podcast… ou as-tu recours au livre ?

Nomade ou sédentaire, le propre de l'homme consiste à marquer l'espace de son empreinte, de sa présence ou de son passage. L'animal qu'il est le fait souvent par ses déchets, sa pollution, ses excréments… c'est ça le « propre » de l'homme. L'être humain qu'il tend à être le fait quant à lui en laissant la trace de son existence par le biais de ses créations qu'elles soient monumentales, minimalistes, physiques, artistiques ou intellectuelles.

Voir H comme Humain, Y comme Y et conseil n° 12

G comme Guerre

Étymologie : du vieux francique *werra* (« querelle »)

La guerre cessera.

En animal, l'homme use de la violence pour assurer ses moyens de survie. À cela, en tant qu'animal social qui parle, il a ajouté à ces motifs, somme toute primaires, d'autres prétextes… politiques et idéologiques.

Il affuble la guerre de diverses parures : froide, mondiale, régionale, civile, éclair, tribale, sainte, de religion, du feu, d'indépendance, de succession, intestine, cybernétique, révolutionnaire, commerciale, coloniale, nucléaire… et j'en passe.

À l'ère numérique, rien n'a changé : l'homme guerroie toujours. Il a juste ajouté de nouvelles armes à sa panoplie.

À l'Anthropocène, la guerre cessera, ça c'est sûr… par l'instauration de la Paix ou faute de combattants. Néovivre concrétisera la première de ces deux options.

Voir A comme Animal, H comme Humain et conseil n° 11

H comme Humain

Étymologie : du latin *humanus*, dérivé de *homo*, (« homme »)

Toi et moi le sommes.

Toi et moi sommes cet être qui a d'abord quatre pattes le matin, puis deux le midi et trois le soir.

À l'ère du consumérisme, à ces trois stades de la vie, s'en ajoutent deux, devenus prépondérants : vers 11 heures, ce même être se met à bourgeonner et vers 18 heures, il s'argente. Voilà pourquoi les adolescents et les seniors sont les cibles des marchands.

Le propre de l'homme tient dans le paradoxe qu'il est un animal qui parle. Il aspire au bonheur et à la spiritualité. Il a conscience de sa fin.

Néovivre lui assurera de prospérer.

Voir A comme Animal, L comme Langage, M comme Mort et les conseils n° 1, 11 et 12

I comme Irréversibilité

Étymologie : de *reversus* qui est le participe passé de *revertere*, (« retourner »), construit à partir de *re-*, et de *vertere*, (« tourner ») avec le préfixe *ir-*

Définition : qui n'est pas réversible, qui ne peut s'inverser, se reproduire en sens inverse

« *Alea jacta est.* » Le sort en est jeté.
Jules César

L'Histoire, tout comme chacun de nos actes, est un phénomène irréversible.

Une mauvaise décision et c'est trop tard.

Une mauvaise action et c'est trop tard.

Un geste de trop et c'est trop tard.

Il est encore temps de néovivre. Ton action, la mienne et celles de nos contemporains vont œuvrer à maintenir envisageable l'existence des jeunes et futures générations.

Voir G comme Guerre, K comme Kilo, M comme Mort et les conseils n° 1, 11 et 12

J comme Jour

Étymologie : du latin *diurnum*, (proprement « de jour »)

Le soleil est notre étoile.

Notre vie tient à son rayonnement.

Sans ses radiations, sans sa lumière,
plus de vie sur Terre.

À l'Anthropocène, cela reste vrai. Or, sous l'effet de l'action humaine, la composition de notre atmosphère change. L'épaisseur de la couche d'ozone diminue, la concentration en CO2 augmente. Le changement climatique s'accélère.

Du statut de nourricier, le soleil passe à celui de meurtrier.

Il est encore temps pour l'homme d'enrayer ses actions néfastes. Il lui est encore temps de néovivre.

Voir N comme Nature, T comme Terre, V comme Vie et les conseils n° 3, 4, 5 et 10

K comme Kilo

Étymologie : tiré du grec khilioi, (« mille »)

Trop, c'est trop !

Méga giga, toujours plus grand
Micro, nano toujours plus infime

Yotta, zetta, exa, péta, téra, giga, méga, kilo, hecto, déca, déci, centi, milli, micro, ano, pico, femto, atto, zepto, yocto…

Certains de nous utilisent ces ordres de grandeur pour mieux comprendre qui nous sommes et ce qui nous entoure. De là, ils créent pour nous ce qui sera la pire ou la meilleure des choses. L'homme veut voir pour croire. C'est ce qui le rend crédule à ceux qui le manipulent.

« On ne voit bien qu'avec le cœur.
L'essentiel est invisible pour les yeux. »
Antoine de Saint-Exupéry

Rayons X, scanner, IRM, microscopes, télescopes, cyclotrons, boules de cristal, marc de café, runes… pour voir toujours plus loin, pour voir le passé et l'avenir…

Voir C comme Croire, L comme langage, T comme Terre, U comme Unique et les conseils n° 1, 4, 10 et 11

L comme Langage

Étymologie : du latin *lingua*, (« langue »)

« La langue est la meilleure et la pire des choses. »
Ésope

La musique et la mathématique sont des langages universels.

L'art et le langage ont vocation à nous faire croire immortels. Nous ne le sommes pas, mais par nos actes nous engendrons et transmettons la Vie.

Trêve de bavardages, il est temps de néovivre.

Voir A comme Animal, H comme Humain, M comme Mort, S comme Société, Z comme Zéro et les conseils n° 1, 4, 9 et 10

M comme Mort

Étymologie : du latin *mortem*, accusatif de *mors*, lui-même issu de l'indo-européen commun **mer* — (« mourir »)

La mort est le propre de la vie.

Inéluctable et irréversible, elle fait partie de notre vie.

Mais il y a quelque chose de plus fort que la Mort, Jean D'Ormesson l'a dit, c'est la présence des absents dans la mémoire des vivants…

Laisser la trace de son passage sur Terre, c'est avoir vécu autrement que de la fumée dans l'air ou de l'écume sur la mer. C'est être plus fort que la Mort !

Néovivre permettra à l'humanité de surpasser la Mort.

Voir A comme Animal, I comme Irréversibilité, H comme Humain, L comme Langage, R comme Reproduction, V comme Vie, Z comme Zéro et les conseils n° 1, 4, 9, 10 et 12

N comme Nature

Étymologie : du latin *natura* (« le fait de la naissance, état naturel et constitutif des choses, caractère, cours des choses, ensemble des êtres et des choses »), venant lui-même de *nascor* (« naître, provenir »)

« La nature se suffit. »
Friedrich Hegel

Mais pas l'humanité !

À l'Anthropocène, nous en sommes convaincus. Sans la nature, l'homme n'est plus.

Néovivre permettra à l'homme de préserver la nature.

Voir A comme Animal, H comme Humain, M comme Mort, T comme Terre et les conseils dans leur intégralité

O comme Ovule

Étymologie : du latin *ovum* (« œuf ») avec le suffixe diminutif -ule

Honneur aux mères

De l'œuf ou de la poule, qui est né le premier ?

La question a sa réponse, c'est l'œuf. Qui a fait l'œuf ? Pour le savoir, voir tout de suite U comme Un.

Voir A comme Animal, M comme Mort, R comme Reproduction, U comme Un, Z comme Zéro et les conseils n° 2, 3, et 6

P comme Pourquoi

Étymologie : contraction en un mot de pour et de quoi, (« pour quelle raison », « dans quelle intention », « pour quelle chose »), adverbe

« Cogito, ergo sum »
Je pense, donc je suis.
René Descartes

Mais pourquoi ?

Mot destiné à nous faire douter de nos certitudes ou croyances, « Pourquoi » prouve que l'homme sait se questionner. Alors…

Pourquoi créer plutôt qu'anéantir ?

Pourquoi le bien plutôt que le mal ?

Pourquoi je vis ?

Pourquoi mourrons-nous ?

Néovivre permettra à l'homme de continuer de se poser les questions du pourquoi.

Voir L comme Langage et les conseils n° 2, 3, 6, 8 et 9

Q comme Quand

Étymologie : du latin *quando*, adverbe, Du latin *quaestio*

La fin de l'homme est pour quand ?

Quand est-ce qu'on arrive ?...

Quand est-ce qu'on rentre ?...

Quand est-ce qu'on va mourir ?...

Quand aurons-nous les réponses à nos pourquoi ?...

Pour l'homme, le nombre de questions qui commencent par « quand » est incalculable.

La certitude ici réside en l'existence inéluctable d'un terme… qui n'est peut-être pas la fin de tout.

Néovivre permettra à l'homme de continuer de se poser les questions du quand.

Voir L comme Langage, M comme Mort, P comme Pourquoi, U comme Un, Z comme Zéro et les conseils n° 1, 2, 3, 6, 8 et 9

R comme Reproduction

Étymologie : du latin *producere* (« mener en avant »)
composé des deux préfixes re- (« à nouveau) et *pro-*
(« devant »), et de *ducere* (« conduire », « mener »)

Tant que pour l'homme, la reproduction reste sexuée,
sa fin est programmée.

Nous projetons nos vies dans celles des générations
que nous créons. Où les menons-nous si nous
détruisons leurs conditions de vie sur Terre ?

Néovivre nous est indispensable, c'est par nos actions
que les jeunes et futures générations pourront
perpétuer leur reproduction.

Voir A comme Animal, O comme Ovule, S comme
Société et les conseils dans leur intégralité

S comme Société

Étymologie : du latin *societas*, (« union », « association »)

L'être humain est être de relation.

« L'homme est un animal politique qui parle. »
Aristote

En différents temps, en différents lieux, l'homme s'est constitué en différentes sociétés et a formulé autant de règles de coexistence.

En tant qu'individu, tu restes un rouage non indispensable, interchangeable. Tu as beau être unique, tu es un parmi les autres.

Quelle que soit la société où tu évolues, tu es soumis aux grands préceptes qui régissent la vie de l'homme : animalité, reproduction, mortalité.

À l'Anthropocène, il est temps d'unifier les sociétés par et pour le néovivre.

Voir A comme Animal, L comme Langage, R comme Reproduction et les conseils dans leur intégralité

T comme Terre

Étymologie : du latin *terra* (« matière terre »), mis en majuscule comme nom propre de cette planète

La Terre est la mère de nos mères.

Elle nous porte et nous nourrit. C'est notre ovule primaire, nous ne pouvons pas la bafouer, la salir ou l'humilier. Nous devons la respecter, l'entretenir et la chérir.

Le principe d'irréversibilité :
si l'homme détruit sa Terre,
il n'aura pas de seconde chance !

Réceptacle de ce qui a vécu, terreau nourricier des nouvelles générations, il est envisageable de la quitter pour partir vivre ailleurs. Tant que cela reste hypothétique, préservons notre planète. Il est encore temps !

Voir A comme Animal, I comme Irréversibilité, O comme Ovule, S comme Société, U comme Un et les conseils n° 2, 3, et 6

U comme Un

Étymologie : du latin *unus*, adjectif numéral « un »

Un vient après zéro.

Un matérialise ce qui est, il indique aussi la fin.
C'est irréversible.

Un n'est pas le début, ce qui le précède n'a pas de fin.
À partir de lui, tout ce qui « est » a une fin.

Pour l'instant, la Terre reste pour l'homme son unique
support de vie.

Pour l'instant, l'homme et la Terre ne font qu'un.

À l'Anthropocène, cela reste vrai.

Néovivre, c'est aimer. Cela permet de passer de un à
deux, puis à trois… Néovivre, c'est continuer d'exister.

Voir I comme Irréversibilité, M comme Mort, O
comme Ovule, S comme Société, Z comme Zéro et les
conseils dans leur intégralité

V comme Vie

La Vie n'a pas de fin.

Elle aurait pu s'appeler la Mort, tant l'une et l'autre sont indissociables.

En revanche, *ta* vie sur la Terre a une fin. Je sais que tu ne m'as pas attendu pour en être certain. Ta vie est comme un fil, fin et fragile, avec un début et une fin.

À l'Anthropocène, il nous faut néovivre pour permettre aux jeunes et futures générations de perpétuer leur reproduction.

Il est encore temps.

Voir A comme Animal, M comme Mort, Q comme Quand, R comme Reproduction, S comme Société et les conseils dans leur intégralité

W comme Warning

Étymologie : du vieil anglais *warnian* « donner avis d'un danger imminent », également intransitif, « prendre garde », du proto-germanique *warōnan* (source également du vieux *norroisvarna* « admonester », vieux haut-allemand *warnon* « prendre garde », allemand *warnen* « avertir »)

Il y a danger.

J'aurais pu mettre ce texte au tout début du livre en l'intitulant A comme Alerte. Mon message aurait été alors lu en premier. Mais ce livre peut se lire en ouvrant les pages au hasard, ce n'est pas un problème. L'important c'est que le message soit délivré, reçu et compris :

À l'Anthropocène, warning ou attention, notre maison brûle !

Néovivre, c'est agir. C'est actionner l'interrupteur pour éteindre l'incendie et enclencher les actions qui offriront une garantie d'avenir aux jeunes et futures générations.

Voir A comme Animal, N comme Nature, T comme Terre et les conseils dans leur intégralité

X comme Xéno

Étymologie : du grec ancien *xénos,* étranger

Tu es mon autre.

Xéno, tu l'es pour moi tout autant que je le suis pour toi.

Devinette : Xénophobe et Xénophile sont sur un bateau. Si l'un des deux tombe à l'eau, que se passe-t-il ?

Deux cas de figure :

-   Si Xénophobe tombe à l'eau, alors… Xénophile lui tend aussitôt la main.

-   Si Xénophile tombe à l'eau, alors… il a intérêt à bien savoir nager, surtout si Xénophobe l'a poussé !

À l'Anthropocène, la xénophobie a beau jeu de s'accroître. Certains d'entre nous désigneront des boucs émissaires pour chaque désolation engendrée par le bouleversement climatique. Ce sera toujours la faute de l'autre, sauf si nous parvenons à néovivre.

Voir A comme Animal, G comme Guerre, O comme Ovule, S comme Société, T comme Terre, Y comme Y et les conseils n° 1, 2, 3, et 12

Y comme Y

Étymologie : (la lettre se nomme « i grec » et se prononce isolée/i/) elle est la 25e lettre de l'alphabet latin moderne, Y a pour signification : « en ce », « dans ce » comme adverbe et « à ce » comme pronom

Penser qu'il y aura une seconde chance est de l'utopie.

La Terre est notre planète.

L'humanité **y** vit.

À l'Anthropocène, rien n'a changé. « Y », c'est ici et maintenant. Néovivre y est indispensable.

Voir A comme Animal, N comme Nature, T comme Terre, S comme Société et les conseils n° 1, 2, 3, 6 et 12

Z comme Zéro

Étymologie : de l'italien *zero*, contraction de *zefiro*, issu du latin médiéval *zephirum*, qui représente une transcription de l'arabe *ṣĭfr*, le vide

Zéro est le début aussi bien que la fin.

C'est l'infini replié sur lui-même.

Il n'est rien et comprend tout.

Voir A comme Animal, O comme Ovule, S comme Société, U comme Un et les conseils n° 1, 2, 3, et 6

12
CONSEILS

1

MÉDITE

Médite chaque jour sur ta condition d'être humain

Offre-toi le temps de t'isoler et de te recentrer sur toi-même. Demande-toi comment tu vas et réponds-toi sincèrement.

Choisis comme point de départ de ta méditation l'une des 26 certitudes présentées ou l'un des 11 conseils suivants.

Après ta méditation, applique tes pensées pour néovivre.

Parce qu'à l'origine est la pensée.

Médite, puis agis.

2

AIME

Sens-toi relié à chaque être

Chaque être te vaut et tu vaux autant pour lui.

Aime ton prochain comme toi-même.

L'être humain est être de relation. En fondant tes rapports avec l'autre sur l'amour que tu lui portes, tu offriras à tes contemporains et aux êtres à venir, les conditions pour néovivre.

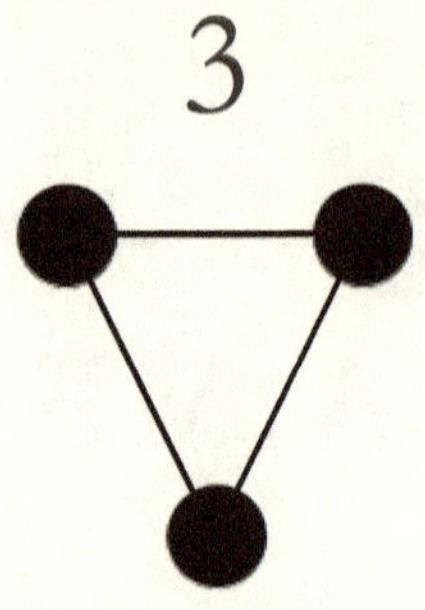

3

ENGENDRE

Sois fécond d'idées et d'actions

Unis-toi aux autres.

Échangez vos idées, œuvrez ensemble.

De vos actions communes
naîtront les bienfaits du néovivre.

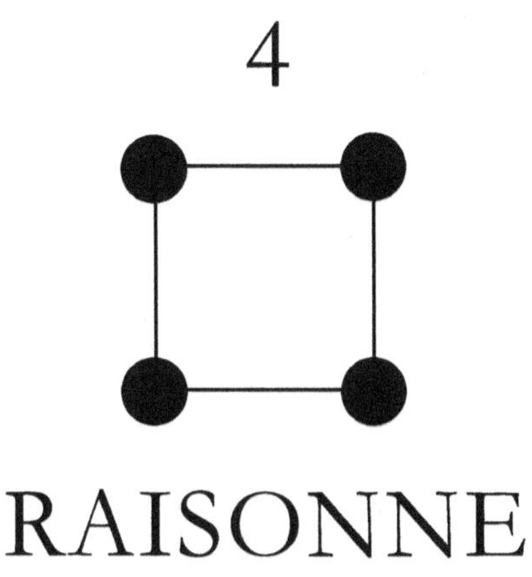

RAISONNE

Agis avec raison

La pensée précède l'action.

Fonde tes pensées en tenant compte des 11 autres conseils et tu auras raison d'agir.

5

CRÉE

Crée plutôt que de détruire

Chacune de tes actions doit permettre de néovivre. C'est en ce sens qu'il te convient de créer plutôt que de détruire.

6

INTÉGRE-TOI

Intègre le cycle vertueux qui amène à néovivre.

Dans le cycle de la vie, accepte ton état d'animal et de mortel, pense aux jeunes générations et à celles à venir.

Par tes actes quotidiens, montre que tu privilégies le cycle de la nature, le cycle des saisons, le cycle de la vie.

La suite dépend de toi.

7

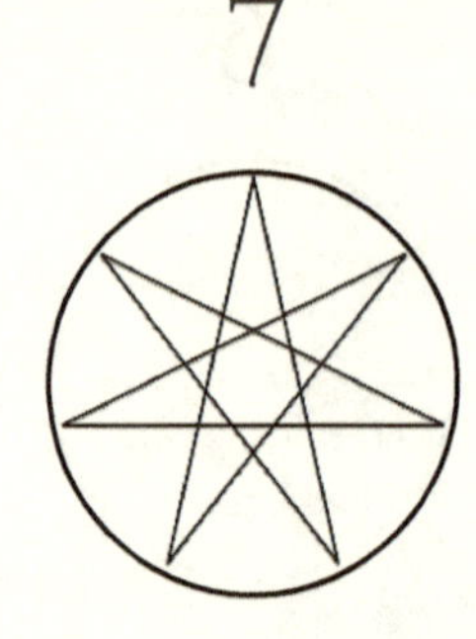

PROVOQUE LA CHANCE

Suscite les opportunités favorisant le néovivre

En agissant, prouve et trouve les bonnes solutions pour néovivre. Fais preuve de **sérenpidité.**

Étymologie : **sérenpidité** est un néologisme créé par Horace Walpole, tiré d'un conte indien intitulé *Les Trois Princes de Serendip* (1754),
Définition : don de faire par hasard une découverte inattendue qui s'avère ensuite fructueuse

---

Ne renonce pas devant les difficultés. Les solutions existent. Nous les trouverons si nous les cherchons.

8

PROJETTE-TOI

Imagine les conséquences de chacun de tes gestes, chacune de tes actions

Les jeunes générations et celles à venir ne pourront exister qu'à condition que tes actions les y aient amenées.

Projette les conséquences de tes actes dans l'avenir, doute de leurs bienfaits, réfléchis à leur nécessité. Raisonne !

Imagine ce qu'il adviendra dans le futur en fonction des actions que tu comptes entreprendre.

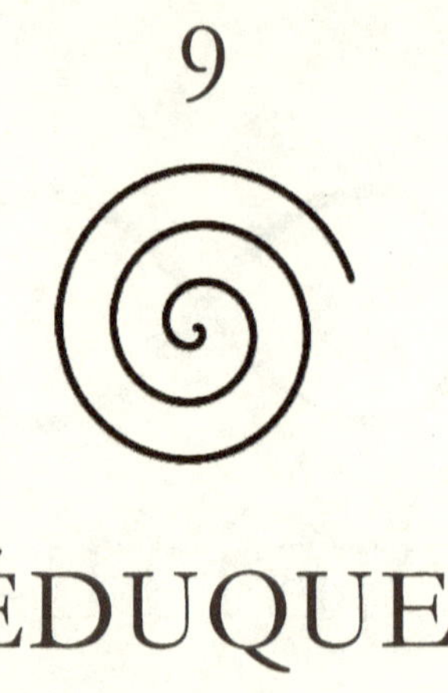

9

ÉDUQUE

Transmets ton savoir

Apprends à tes proches ce que tu as toi-même appris en matière de néovivre. Prône par l'exemple les 12 conseils inscrits dans ce livre.

Montrer l'exemple est la plus efficace des méthodes d'enseignement. Inutile de s'instaurer en maître ou en donneur de leçons.

Prôner la bienveillance sans la mettre en œuvre soi-même n'est pas probant. C'est en mettant en pratique les valeurs auxquelles nous adhérons que nous les transmettons à nos contemporains. Ni contrainte ni endoctrinement.

10

INNOVE

Cherche et crée des actions novatrices

Apporte à tes contemporains les ressources conformes au néovivre dans tous les domaines de la vie.

Pour cela, continue d'innover, invente, expérimente tout en raisonnant sur « comment » et « pourquoi » tu agis.

11

DOUTE

Doute de tout, y compris de toi

Fais fonctionner ton cerveau. Réfléchis à l'ambivalence de tes souhaits, de tes actes. Raisonne avant d'agir. Interroge-toi sur tes certitudes.

Le Yin Yang par sa duplicité est le symbole de ce que tu dois entreprendre en matière de réflexion sur toi-même et au sujet de tes actions sur Terre.

Douter, c'est vivre.

12

CONTEMPLE

Pose-toi et contemple ce qui t'entoure

Offre-toi le temps d'ouvrir les yeux sur ce qui t'entoure et ouvre-toi sur l'extérieur.

Si ton environnement ne t'apporte pas de contentement, œuvre pour que cela advienne en appliquant les 12 conseils pour néovivre…

et cela adviendra.

CERTITUDES

L'homme est un **Animal** en quête de **Bonheur. Croire** est dans sa nature. **Dormir** lui est indispensable, même si depuis quelque temps les **Écrans** numériques tendent à l'en dissuader.

Avec ou sans **Foyer**, faire la **Guerre** lui est « **Humain** ». Tuer, détruire, brûler, briser font comprendre à l'homme ce qu'est l'**Irréversibilité**. Sans la lumière du **Jour**, il ne peut vivre.

Parfois, il en fait des **Kilos**. Alors attention, car dans ce cas, le mieux est l'ennemi du bien. Trop, c'est trop !

Par le **Langage**, l'homme défie la **Mort**. Il puise dans la **Nature** de quoi assurer sa vie, sa survie, sa postérité. Pour lui, tout commence par un **Ovule**.

Pourquoi vit-il ? **Quand** mourra-t-il ? font partie de ses éternelles questions. Tant qu'il n'a pas de réponse, sa solution est la **Reproduction**. Il vit en **Société** sur cette **Terre** avec qui il fait **Un**. La Terre lui est précieuse, tout comme sa **Vie** qui, **Warning**, ne tient qu'à un fil.

Xénophile ou xénophobe, c'est en société, parmi ses semblables — paradoxalement tous différents de lui — qu'il évolue. S'**Y** intégrer ou évoluer à sa marge reste pour lui du domaine du possible. Rien ne lui est impossible.

Empli de certitudes et de questionnements, l'homme doute. **Zéro** est le début ou la fin.

12 CONSEILS

Les certitudes exposées précédemment ont paradoxalement mis en évidence l'ambivalence et les doutes de l'homme. Parmi les certitudes figurent notre entrée dans l'Anthropocène et le fait que chacun de nos actes est irréversible. Alors, est-il encore temps de sauver l'humanité ?

Oui, il est encore temps. Applique ces 12 conseils :

Médite avant d'agir,

Aime ton prochain,

Engendre du positif,

Raisonne sur les conséquences de ton action,

Crée,

Intègre le cycle vertueux,

Provoque les opportunités favorisant le néovivre,

Projette tes actions dans l'avenir,

Éduque ton prochain dans ce sens,

Innove,

Doute de tout,

Puis, **contemple** ce qui t'environne

POUR LA TERRE

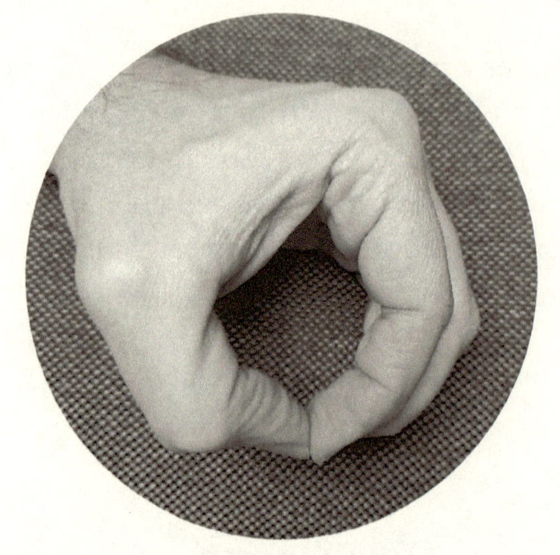

IL EST ENCORE

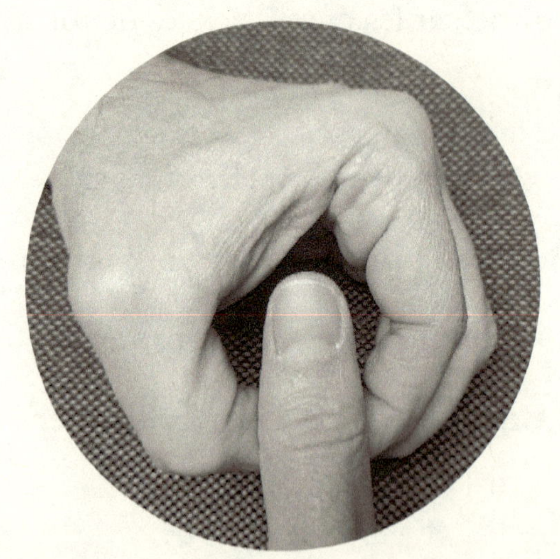

TEMPS

À NOUS
DE NÉOVIVRE !

À NOUS D'AGIR !

À TOI
DE PARTAGER…

Achevé d'imprimer en décembre 2022
Dépôt légal : janvier 2023

Vous avez apprécié cet ouvrage et vous aussi, vous avez envie d'écrire le livre de votre vie : récit de vie, histoire de votre famille ou de votre entreprise, roman, n'hésitez pas à me contacter :

Frédéric MACAIGNE

Album de Vie

frederic.macaigne@albumdevie.com

albumdevie.com

www.ingramcontent.com/pod-product-compliance
Lightning Source LLC
La Vergne TN
LVHW092031190726
843493LV00002B/648